FÜR: ______________________

VON: ______________________

Georg Lehmacher

Kleine Weihnachts-wunder

Geschichten zur Weihnachtszeit

Kösel

Vorwort

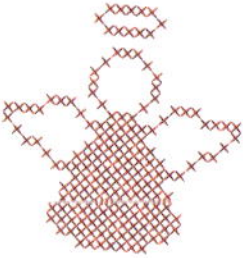

Das vielleicht größte Geschenk an Weihnachten ist für viele, nach einem oft sehr belebten Advent, Zeit zu haben. Zeit für sich selbst, Zeit für die Familie – und vielleicht auch Zeit zum Lesen oder Vorlesen.

Dieses kleine Buch möchte Sie über Weihnachten mit kurzen Geschichten heiter stimmen, für kleine Auszeiten zwischen allen anderen schönen Dingen, die Sie hoffentlich über die Feiertage genießen werden

Ich wünsche Ihnen viel Freude beim Lesen und frohe Weihnachtsfeiertage!

Georg Lehmacher

Probezeit

September

Melanie hatte gewusst, dass es der Agentur nicht gut ging, trotzdem hatte sie nicht mit einer Entlassung gerechnet. Fast zwei Jahre lang war sie bei der Werbeagentur maier & klumpp gewesen. Im Sommer hatte die Agentur gleich drei große Etats verloren. »Das geht schon weiter«, hatte Herr Klumpp immer wieder beteuert.

Und nun die Kündigung. Melanie ließ sich nicht anmerken, wie es sie schockierte.

Auf dem Heimweg traf sie sich mit ihrer besten Freundin in einem Café. »Wenn ich nur Arbeitslosengeld bekomme, kann ich mir die Miete nicht mehr leisten!« Ihr standen Tränen in den Augen.

»So viel weniger wirst du nicht rausbekommen«, versuchte Lara sie zu beschwichtigen.

»Noch einen Tee oder irgendwas? Ich lade dich ein.« Laras Stimme hatte etwas Beruhigendes.

Melanie schüttelte den Kopf.

»Mit tausend Euro Miete im Monat bleibt natürlich nie viel übrig«, murmelte Lara vor sich hin.

»Ja und? Weißt du was Günstigeres in München?« Melanie klang genervt.

»Ab wann bist du denn frei?«

»Frei? Ach so: Anfang Oktober.«

»Ich werde mal Thomas fragen. Ich glaube, bei ihm in der Firma wird eine Stelle frei. Der Werbeleiter geht. Aber es ist nicht nur grafisches Gestalten, du musst auch Strategien entwickeln. Wäre das was?«

Melanie zog die Schultern hoch. »Was hab ich zu verlieren?«

»Ich werde mich erkundigen.« Lara klang ermutigend.

»Lara, ich möchte jetzt nach Hause gehen, einfach nur ins Bett und schlafen.«

Lara nickte und drehte sich um. »Die Rechnung bitte!«

Ich fühle mich schon jetzt, als wäre ich arbeitslos und hätte kein Geld mehr, fuhr es Melanie durch den Kopf.

× × ×

Mitte Dezember

Draußen war es längst dunkel.

Das vierte Mal an diesem Tag lief »Last Christmas«. Es nervte. Melanie machte das Radio aus.

»Gefällt es Ihnen nicht, das Lied?« Henschel, der ältere Buchhalter, der eigentlich längst in Rente war und mit dem sie zweimal in der Woche nachmittags das Büro teilte, sah zu ihr herüber. »Doch, aber nicht viermal nacheinander. Das stresst. Außerdem kommen Bertram und Jäger gleich, wegen der Imagebroschüre.«

»Viermal nacheinander? Hab ich nicht mal gemerkt.« Henschel sah wieder auf seinen Bildschirm und machte ab und zu Notizen auf einen Zettel, der vor ihm lag. Das Telefon klingelte.

»Nein, jetzt nicht. Ich rufe später zurück!« Melanie klang barsch. »Ich präsentiere gleich beim Chef. Nein, kann ich Ihnen nicht sagen. Meinerseits ist alles fertig, aber das entscheide nicht ich, sondern Herr Bertram. Er ist hier der Chef.«

Schaffl. Wenn man schon so heißt, dachte Melanie. Der Mann von der Druckerei nervte permanent. Wegen jeder Kleinigkeit rief er an. Jeder Termin musste schriftlich fixiert werden. Jedes Mal rief er dann dazu noch einmal an, um alles bestätigt zu bekommen. Zu allen Aufträgen wollte er Ausdrucke per Fax, was Melanie völlig antiquiert vorkam, und die Daten wollte er stets auch noch editierbar.

Die neue Firmenbroschüre war praktisch fertig. Neben vielen kleineren Dingen war es ihr erster, großer und wichtiger Job in der neuen Firma.

»Nein, aber wenn ich eine Freigabe erhalte, dann bekommen Sie es noch heute Abend«, wimmelte sie den Drucker ab und legte dann grußlos auf.

Bertram, ihr Chef, stand schon hinter ihr, und auch der Vertriebschef war gekommen.

»Das sieht schon sehr gut aus!« Bertram nickte zustimmend, als er hinter Melanie am Bildschirm stand. »Was meinen Sie, Herr Jäger?«

»Ja. Das ist definitiv besser als *alles*, was wir bisher hatten. Ein kleines Meisterwerk.«

Melanie strahlte.

»Die Fotos? Sind die von Agenturen?«, erkundigte sich ihr Chef.

»Die sind von Jonas Deimel«, entgegnete Melanie. »Ich habe schon früher in der Agentur mit ihm zusammengearbeitet.« Dass Jonas ihr Cousin war, verschwieg Melanie.

»Bezahlbar?«, hakte Bertram nach. »Ich meine, die Fotos machen viel aus, ich möchte sie ungern tauschen.«

»Herr Deimel gibt sie uns für eine Pauschale von 800 Euro.« Melanie hoffte, dass das klarginge.

»Das ist mehr als in Ordnung. Ahhh… zwei Sachen noch: Können Sie auf der letzten Seite bitte den Pfeil auf dem Lageplan noch etwas größer machen? Ich finde, der geht fast unter.«

»Den Pfeil größer«, wiederholte Melanie.

»Und die Telefonnummer muss aktualisiert werden. Wir wechseln den Anbieter, bekommen eine andere Anlage und damit gleichzeitig eine Nummer, die wesentlich besser ist: die 321 000.«

Melanie nickte. »321 000«, notierte sie auf ihrem Zettel. »Drei Nullen am Ende. Wow. Prima. Korrigiere ich auf der letzten Seite und auch auf der Seite zwei. Brauchen wir dann auch neue Visitenkarten?«

»Sie denken aber mit!« Auch Jäger strahlte jetzt. »Ja, das machen wir dann aber im Januar und in Ruhe. Die alte Nummer läuft sicher noch bis Mitte des kommenden Jahres parallel. Klappt das denn mit dem Termin?«, hakte Jäger nach. »Ich möchte das meiner Mannschaft schon noch vor Weihnachten auf den Tisch legen. Als kleine Motivation.«

»Ich hab mit der Druckerei Schaffl alles geklärt. Ich schicke ihnen die Daten heute noch und am 21. Dezember sollen die Broschüren hier angeliefert werden. Wollen Sie das mit dem Pfeil auf der Karte noch mal sehen?«

»Nein«, Bertram lachte, »das bekommen Sie hin. Passt alles. Vielen Dank!«

Die beiden verließen sichtlich vergnügt den Raum.

Sie hörte diese leicht heisere Stimme von der anderen Seite des Schreibtischs: »Läuft, hm?«

Der alte Henschel lächelte sie an.

»Ja, läuft, Herr Henschel.«

»Da wird die Probezeit sicher noch zum Weihnachtsfest zu Ihrem Besten beendet sein.« Melanie dachte für einen kleinen Moment daran, wie schlecht es ihr noch wenige Monate vorher gegangen war, und lächelte zurück.

»Noch einen Kaffee, Herr Henschel?«

»Um die Uhrzeit? Na, was denken Sie. Ich bin doch nicht narrisch und sitz dann die ganze Nacht in der Küche.«

Kurz darauf ging Henschel nach Hause.

Komme später, muss noch was fertigmachen. Etwa 21 Uhr, tippte Melanie auf ihr Handy.

Jetzt noch kurz die kleinen Änderungen machen, alles noch mal checken und die Daten auf den Weg zur Druckerei Schaffl bringen. »Und wenn das alles erst mal gut gelaufen ist, werde ich mit Bertram reden und mich von diesem seltsamen Drucker befreien«, murmelte sie vor sich hin. »Teurer als Internet-Druckereien ist er eh, und diese umständliche Art des alten Inhabers kostet nur Zeit und Nerven.«

× × ×

Es war fast 24 Uhr. *Nerv nicht, Richard. Ich komme jetzt bald, aber ich kann auch nichts dafür,* tippte sie in ihr Handy.

Den Pfeil im Plan größer machen. Eigentlich eine

Kleinigkeit, aber jedes Mal, wenn sie mit der Maus den Pfeil berührte, stürzte das Programm ab, und gelegentlich hängte sich dabei der ganze Rechner auf.

Schließlich hatte sie eine ältere Version des Plans aufgerufen und darin alle Änderungen der letzten Tage gewissenhaft nachvollzogen. Melanie war es heiß und kalt geworden.

Ich nehme mir ein Taxi nach Hause. Fühle mich nicht so gut und hab es mir auch verdient, schrieb sie an Richard.

Keine Antwort. Er schlief wohl schon.

Die Daten waren fertig, wurden gerade zur Druckerei übertragen. Melanies Augen brannten. *Egal, es wird gut!*

× × ×

Melanies Kopf dröhnte. Sie versuchte, aufzustehen, schaffte es aber nicht. Richard kam aus dem Bad. »Wie siehst du denn aus, Schatz?«

»Ich bin müde, aber ich muss ins Büro.«

»Schatz, du hast richtig Fieber!«

Melanie sah verständnislos in seine Richtung.

»Du bist krank!«

»Du, ich muss da hin!«, wiederholte sie.

»Kannst du nicht heute zu Hause bleiben?«

Melanie schüttelte den Kopf. Sie versuchte, nachzudenken und sich darauf zu konzentrieren, was alles eilig war. Sie hatte mit den Visitenkarten beginnen wollen und musste noch eine Einladung für den Neujahrsempfang der Firma gestalten. Eigentlich hatten diese Dinge Zeit.

Völlig benommen nahm sie ihr Handy. »Ich kann nicht kommen, ich bin krank. Ja … Nein … Ich weiß nicht. Ja, mache ich …« Sie seufzte.

»Soll ich heute bei dir bleiben?«, fragte Richard.

Sie schüttelte den Kopf. »Ich muss nur schlafen.«

Das Telefon klingelte. »Noch mal die Firma«, lallte Melanie benommen.

»Ja … ja, die Daten sind rausgegangen. … Danke. Ja, werde ich machen … Danke, das ist nett.«

Kurz vor Weihnachten

Melanie war plötzlich hellwach geworden. Der Wecker zeigte halb fünf Uhr am Morgen. Eine unerklärliche Unruhe hatte sie ergriffen, die sie gleichzeitig mit einer bleiernen Müdigkeit erfüllte.

Als sie um halb sechs noch immer wach lag, überlegte sie, ob sie nicht einfach aufstehen sollte. Der letzte Arbeitstag vor Weihnachten. Die Imagebroschüre würde heute angeliefert werden. »Und dann trinken wir noch ein Gläschen Sekt darauf«, hatte Bertram gesagt. »Danach können Sie alle nach Hause gehen.«

Ganz plötzlich fiel es ihr ein.

»Mist. Verdammt!«

Sie überlegte. Die neue Telefonnummer … sie hatte diese Nummer auf den Zettel geschrieben. Und wollte sie in die Datei eintragen. Aber dann war die Sache mit dem Pfeil passiert, der sich nicht vergrößern ließ. »Mist!« Sie sprang aus dem Bett. Fünftausend Broschüren, farbig, mit einem schönen

Glanzlack. Auf dem besten und teuersten Papier. Und alle mit der falschen Telefonnummer!

Sie dachte weiter nach. *Man könnte kleine Aufkleber darüber platzieren …* Aber das sah dilettantisch aus und nicht nach einem neuen Prospekt. *Wenn Bertram mir das gemailt hätte, ich hatte es ja nicht mal schriftlich,* suchte sie nach Ausflüchten.

Am Ende wurde ihr klar, dass sie selbst die Verantwortung hatte. Und niemand sonst.

Ob sie mich nun rauswerfen? Die Probezeit war noch nicht vorbei. Ob sie noch mal so eine Chance bekommen würde? Die Arbeit, die neue Firma, die Kollegen, der Chef. Alles passte. Und nun das! Vielleicht muss ich den Druck bezahlen? Das wäre schlimm genug, aber besser, als die Stelle zu verlieren. Aber das Geld war ja nicht das Einzige: der Nachdruck wäre erst im Lauf des Januars da. Schaffl machte über die Feiertage dicht und würde erst wieder nach dem 6. Januar arbeiten.

»Was ist los?«, hörte sie Richard leise aus dem Bett murmeln. Sie überlegte erst kurz, es ihm zu erzählen, aber dann schlich sie leise in die Küche. Sie saß da und weinte still vor sich hin. Sie erschrak, als sie Richards Hände auf ihren Schultern spürte.

»Was gibts, Liebes?«

»Ich hab Mist gebaut. Hab einen Fehler gemacht.«

»Fehler gehören zum Leben, man kann sie korrigieren.«

»Diesen nicht!« Melanie schluchzte und erklärte Richard, worum es ging.

»Ich gehe da heute nicht hin!«

»Das löst gar nichts.« Richard massierte ihr sanft die Schultern. »Willst du dann überhaupt nicht mehr dorthin gehen? So wird nichts besser.«

»Ich bin noch in der Probezeit, Richard, und die wird heute enden.«

× × ×

Es roch nach Glühwein, als Melanie hastig in ihr Büro lief. Zehn nach neun. Obwohl sie so früh aufgewacht war, kam sie zu spät. Bertram und Jäger saßen schon mit den anderen Kollegen im Besprechungsraum, und zu allem Unglück hatte man sogar Schaffl eingeladen, der dort zwischen den Mitarbeitern der Firma saß. Auf dem Tisch standen zwei Kerzen. Bertram hatte ein Frühstücksbuffet kommen lassen und überall lagen die Imagebroschüren herum.

»Also das«, Bertram hob einen Prospekt hoch, »ist mein persönliches Weihnachtsgeschenk!«

Irgendwann demnächst wird er das Ding noch einmal genau ansehen, dachte Melanie, die sich an den Tisch gesetzt hatte, und sah vor sich auf den Boden.

»So eine repräsentative Imagebroschüre hatten wir noch nie. Als ich in diesem Sommer die Kündigung von Herrn Schwarz erhielt, der unsere Marketing-Abteilung bis dahin wirklich sehr gut geführt hatte, war ich zunächst ziemlich besorgt. Dass wir mit Frau Lorenz eine noch bessere Nachfolge bekommen würden, hatte ich mir nicht vorstellen können. Frau Lorenz«, er bedeutete ihr, aufzustehen, und Melanie erhob sich nur leicht von ihrem Sitz, »das ist wirklich klasse, damit haben Sie in der Branche sicher einen Maßstab gesetzt. Und das, wo wir ja zu den kleineren Unternehmen in unserem Bereich zählen. Vielen Dank Ihnen, und auch Herrn Schaffl, der das Ganze – wie immer – perfekt aufs Papier gebracht hat und sich trotz eines sehr arbeitsreichen Tages die Zeit genommen hat, die ersten Broschüren persönlich auszuliefern.«

Melanie spurte, wie ihr heiß und kalt wurde. Vielleicht würde man ihr den Fehler ja verzeihen? Bisher war er ja offenbar nicht mal entdeckt worden.

Schaffl tauchte neben ihr auf. »Sie haben ja gar keinen Glühwein, Frau Lorenz? Es gibt auch einen alkoholfreien, der ist nicht mal schlecht.«

»Danke, aber mir ist nicht gut.«

Jemand legte eine der Broschüren mit der Titelseite nach unten vor ihr auf dem Tisch ab. Sie versuchte, sich dazu zu zwingen, nicht hinzusehen, aber es gelang ihr nicht. Sie blickte dorthin, wo die Telefonnummer stand und las: 321 000.

Wie konnte das sein? »Die Telefonnummer … was ist da …?« Melanie sprang auf.

»Ist die nun doch nicht richtig?« Schaffl sah sie an.

»Doch, aber …«, stammelte Melanie.

»Sie waren krank. Bertram rief mich an und wollte wissen, ob Sie die Daten noch geschickt hatten. Ich sagte ihm, dass sie in der Nacht noch eingetroffen seien. Er kündigte mir auch an, dass Sie hier eine neue Telefonnummer bekommen und er dann im Januar alle Visitenkarten neu machen ließe. Ich fragte nach, ob diese Nummer auch auf den Prospekt solle. Er meinte, die sei schon drauf. Naja, ich dachte, das korrigiere ich selbst noch, er bekam ja eh noch mal einen Kontrollausdruck von mir.«

»Hat er … hat Bertram das gar nicht bemerkt? Haben Sie ihm denn nicht gesagt …?«

»Nein.« Schaffl, der sonst keine Miene verzog, schmunzelte nun.

»Und innen, auf der Seite 2?«

»Ist auch korrigiert! Und er hat es ja dann selbst abgesegnet. Ich habe ihm Kontrollausdrucke zugeschickt und diese Stelle extra noch mal mit einem Leuchtstift markiert.«

»Herr Schaffl, Sie … Sie sind …« Melanie fand keine Worte.

»Frau Lorenz, wenn Sie vielleicht auch für mich einen Moment Zeit haben?«

Sie drehte sich um. Bertram stand hinter ihr und streckte ihr ein Glas Sekt entgegen.

»Auf das vorzeitige Ende Ihrer Probezeit!«

× × ×

Kurz nach zwölf Uhr

Alle waren gegangen. Auf dem Tisch lagen gebrauchte Servietten, leere Teller. Die Kerzen waren fast abgebrannt. Melanie hatte ein oder zwei Glas Sekt zu viel getrunken und merkte, wie sie nun langsam wieder klar im Kopf wurde.

Aus den Büros des Hauses gegenüber drang warmes Licht in das Grau des Tages. Melanie dachte über diesen Tag nach. Darüber, wie sich doch noch alles zum Guten gewendet hatte. *Welche Sorgen sich hinter welchem Fenster verbergen, weiß man nicht.* Vor dem Fenster tanzten ein paar Schneeflocken und auf dem Nachbardach gesellte sich zu den Schneeresten, die dort liegen geblieben waren, dünner Neuschnee. Sie hatte ein schlechtes Gewissen, weil sie lange Zeit so abfällig über Schaffl gedacht hatte. Schaffl hatte noch mit ihr angestoßen, aber bevor sie ihn zur Seite nehmen konnte, um sich für seine Sorgfalt zu bedanken, war er weg gewesen.

Mit drei der neuen Imagebroschüren in der Hand ging sie langsam um die Ecke in ihr Büro, um ihren Rechner noch einmal anzuschalten. Sie versuchte, eine Mail zu schreiben.

Betreff: »DANKE!!!«

Dann begann sie zu formulieren: »Lieber Herr Schaffl, es tut mir leid, dass ich oft so …«

Nein, das war nicht gut. Und: Könnte sie nun einfach »Lieber Herr Schaffl« schreiben?

»Guten Tag, Herr Schaffl, für Ihre Sorgfalt in allen Dingen, vor allem die neue Imagebroschüre betreffend, möchte ich Ihnen hier per Mail noch einmal recht herzlich danken. Ich freue mich schon auf die Zusammenarbeit …«

Sie schüttelte den Kopf. Das war nun zu förmlich. Sie löschte den Text und rutschte dabei mit der Maus ab.

»DANKE!!!« und ohne Text. Wie peinlich. So war nun die Mail rausgegangen.

Melanie beeilte sich, erneut zu formulieren.

»Lieber Herr Schaffl, bei der letzten Mail kam ich aus Versehen schon auf die ›Senden‹-Taste …«

Aber da war schon die Antwort von Schaffl. Eine Mail, in der ebenfalls nur die Betreff-Zeile ausgefüllt war.

»Frohe Weihnachten, Frau Lorenz!«

»Frohe Weihnachten, Herr Schaffl ;-)«, antwortete sie, dann fuhr sie das letzte Mal in diesem Jahr ihren Rechner herunter, um sich auf den Heimweg zu machen.

Ich werde das schaffen

»Heeee!!!«, rief ich dem Zusteller nach. »Wenn das Zeug dann da steht und niemand aufmacht – das wird nass!«

»Sie sind doch immer da«, kam die kurze Antwort, die Fahrertür schob sich mit einem rollenden Geräusch zu und weg war er.

»Mann, mann, mann.« Ich schüttelte den Kopf. »Der ganze Typ ist eine Katastrophe. Von allen Paketzustellern ist der immer der eiligste. Kein Gruß, wenn er eine Unterschrift braucht, kein nettes Wort, ein Hektiker, wie er im Buch steht.«

»Isch der edzd neu?«, piepste Frau Elliker mit ihrer hohen Stimme im Schweizer Dialekt. Ich sah sie groß an und sie wiederholte etwas hochdeutscher: »Ich meinte, ist der jetzt neu?«

Ich verneinte.

Lutz Schilling, der Abteilungsleiter, meinte: »Ach, die bekommen ja fast nichts für den Job. Ein Euro pro Paket. Mein Sohn hat das auch mal in den Semesterferien gemacht. Hart verdientes Geld!«

»Aber ein Euro pro Paket, das ist doch auch schon ne Menge. Der stellt manchmal drei auf einmal hin und braucht dafür keine drei Minuten«, überlegte ich laut.

»Ja, und manchmal fährt er dreimal an und nimmt das Ding am Ende wieder mit, weil es nicht angenommen wird. Oder muss Adressen suchen, die es gar nicht gibt, weil jemand was falsch abgetippt hat. Und muss bei jedem Wetter raus.«

»Naja, als Ferienjob«, meinte ich, »das verstehe ich. Aber wenn man so was immer macht, muss man ja schon ein wenig einfach gestrickt sein.« Schillings Blick konnte ich nicht entnehmen, ob er vorwurfsvoll war oder prüfend. Ich wurde unsicher und sagte: »Wer sich bei uns in Deutschland anstrengt, der kann auch was anderes machen.«

»Meinen Sie?« Schilling ging zur Tür.

»Ja, meine ich«, setzte ich leise nach.

»Da hat er scho recht«, unterstützte mich Frau Elliker schnell. Dann war sie wieder in ihren Bildschirm vertieft und tippte flink in ihre Tastatur. Das »ch« von »recht« kam bei diesem Schweizer Dialekt schon extrem weit hinten aus dem Hals.

Zwei, drei Mal versuchte ich leise für mich, dieses »ch« nachzumachen. Ich dachte, Schilling sei schon hinter mir aus dem Raum gegangen, und erschrak, als ich seine Stimme noch mal hörte: »Haben Sie es im Hals, Schulz?«

Ich schüttelte verdattert den Kopf und sagte: »Ja, ein bisschen«, was er mit einem »Aha« quittierte.

Durch das Fenster sah ich noch einmal den Wagen dieses Kuriers, der gerade vor einem anderen Bürogebäude hielt.

Ich mochte solche Leute nicht. Er sah immer müde aus, er war hektisch, knallte einem die Sachen immer hin. *Es ist mir egal, was jemand macht, aber auch wenn es ein ganz einfacher Job ist, muss man ihn so gut und leidenschaftlich erledigen wie jeden anderen,* ging es mir durch den Kopf. *Und wenn nicht, ist doch klar, dass nichts vorwärts geht im Leben. Solche Leute haben nichts verstanden, und Weihnachten könnte eine Gelegenheit sein, um über alles nachzudenken.*

Schnell, schnell, schnell den Job erledigen. Dann nach Hause, vermutlich irgendwo am Rechner zocken, abends noch zwei Bier rein und in den Ferien an den Ballermann. Sicher keine geistige Leuchte, und diese Hektik gegenüber Kunden hatte etwas Unsoziales.

»Ich bin dann heute Nachmittag mal weg«, sagte ich zu Frau Elliker. »Schilling weiß Bescheid. Ich hab einen Arzttermin, der Routinecheck beim Betriebsarzt.«

»Kommen Sie danach noch einmal rein?«

Ich schüttelte den Kopf.

»Nein, ich gehe mit meinem Sohn noch Schlittenfahren, jetzt wo mal Schnee liegt. Hab mir den restlichen Tag freigenommen.«

»Ach, eine feine Idee«, zwinkerte sie mir zu. »Das ischd abr nett!«

Dieses »Ach« wieder mit diesem kehligen »ch«.

Ob wohl die Schweiz deshalb das CH als Länderkennzeichen gewählt hatte?

× × ×

Der Arzt nickte zufrieden. »Alles gut bei Ihnen«, meinte er dann. »Der Blutdruck ist knapp unter der Obergrenze, aber noch in Ordnung.«

Ich freute mich, fragte dann aber vorsichtshalber noch mal nach: »Der Blutdruck?«

»Ja. Aber noch gut. Sollte er doch mal Ärger machen, was Ihnen schon passieren kann, gibt es verschiedene Ansätze, das in Ordnung zu bringen.«

»Aha?« Ich sah ihn fragend an.

»Entweder Sie nehmen Medikamente, da gibt es verschiendene Präparate auf dem Markt.«

»Und die Alternative?«

»Sie nehmen etwa fünfzehn Kilogramm ab.«

»Fünfzehn?!«

»Die Medikamente sind besser«, erklärte er mir.

»Warum?«, fuhr es spontan aus mir heraus.

»Weil ich am Abnehmen nichts verdiene, Herr Schulz. Und weniger Gewicht auch keine Nebenwirkungen hat, die eine weitere Behandlung erfordern würden.« Er grinste mich an.

Ich würde lieber die fünfzehn Kilo abnehmen und sagte es ihm: »Das löse ich über das Gewicht.«

Er nickte, grinste wieder und gab mir die Hand. »Ja, das sagen alle. Alles Gute, Herr Schulz.«

× × ×

Beim Schlittenfahren rammte mein Sohn einen anderen Schlitten, auf dem ein Mädchen saß.

»Beide waren schuld«, erklärte ich schnell, als der Vater des Mädchens dazukam, obwohl Jan eindeutig in das Mädchen hineingefahren war.

»Fehlt dir was, Emilia?«, fragte der Mann, in dem ich sofort den Kurier vom Vormittag wiedererkannte, besorgt. Das Mädchen schüttelte den Kopf. »Ich bin nur so erschrocken.«

Da also war der Paketzusteller nachmittags.

»Also, Emilia stand ja wohl eindeutig, vielleicht passt Ihr Sohn das nächste Mal besser auf.«

Er hatte recht, Jan war ein Rabauke. Außerdem blieb er gelassen und sagte auch nichts weiter.

Es dauerte einen Moment, aber dann gab ich mir einen Ruck. »Tut mir leid!«, sagte ich zu ihm.

»Schon gut«, meinte er, »ist ja nichts passiert.«

Wir gingen zusammen die Anhöhe hinauf.

»Ihre Tochter?«, fragte ich.

»Ja« Er strahlte und wirkte plötzlich sehr nett.

»Wir kennen uns doch?«, fragte ich.

»Ja, Sie sind bei der Firma Husen & Partner, stimmt es?«

Ich nickte. »Und Sie sind immer sehr in Eile.«

»Emilia hat um 13 Uhr Schule aus. Ich hole sie immer ab.«

»Jeden Tag?« Ich keuchte schon richtig und erinnerte mich an die fünfzehn Kilo, die ich abnehmen sollte.

»Ja, jeden Tag.«

Wir waren oben angekommen, er setzte Emilia auf den Schlitten. Bevor ich Jan stoppen konnte, raste er mit dem Schlitten schon wieder ins Tal.

»Keine Frau?« Mein Mund war schneller als der Anstand, ich bereute die Indiskretion schon. »Sie starb kurz nach der Geburt.« Er sah den Berg hinunter, den Kindern nach. »Aber – wir schaffen das schon. Emilia ist ein Sonnenschein. Und jetzt, wo sie in der Schule ist, kann ich ja auch wieder halbtags arbeiten.«

Ich nickte.

»Wir schaffen das schon, Emilia und ich.«

× × ×

»So um etwa viertel nach zehn kommt immer der Paketzusteller«, erklärte ich Frau Elliker.

»Ja, ich weiß.« *Ich.* Das »ch« wieder …

»Ja, und wenn er kommt, können wir ja schon zu Tür gehen und ihm das Zeug abnehmen, das so jeden Tag kommt. Dann geht es schneller.«

Sie sah mich mit großen Augen an.

»Isch das ihr Ernscht, Herr Schulz?«

»Ja«, sagte ich.

»Was ischd denn …«

»Das …«, begann ich einen Satz, »ist wirklich ein harter Job. Und, das ist ja auch eigentlich ein ganz ein feiner Mensch.«

»Ich dachte, den können Sie nicht leiden.«

»Doch, doch, schon. Also – er ist Vater, er hat eine kleine Tochter … «

In diesem Moment kam Schilling rein und Frau Elliker war gar nicht mehr bei der Sache.

»… Außerdem ist bald Weihnachten«, fügte ich noch schnell hinzu.

Es war mir ganz recht so, ich wollte eigentlich auch nichts erklären. Und es war mir peinlich, was ich noch vor wenigen Tagen über diesen jungen Vater gedacht hatte.

Aber ich stand seither fast jeden Tag in der offenen Tür, wenn der Paketbote kam, und tauschte seine Pakete gegen einen Gruß an Emilia.

Dienst

Marlene schnupperte an Hannes' Jacke. »Rauchst du wieder…?«

Aus dem Kinderzimmer hörte man leise die Stimme eines Babys.

»Sarah ist sehr müde und schläft gleich. Sie begrüßt nur noch den Papa«, erklärte Marlene.

»Lalalalala…«, tönte es noch aus dem Türspalt. Dann war es still.

Hannes lächelte. Dann blickte er wieder ernst.

»Meine Schwester muss wieder in die Klinik. Sie wollen das Sprunggelenk doch nochmal operieren.« Er zog die Jacke aus und hängte sie in den Garderobenschrank.

»Ah, und … wann?«

»Sie wollen es am 10. Dezember machen, vorher geht es wohl nicht. Und dann soll sie auf Reha.«

»Vor Weihnachten?«, hakte Marlene nach. »Ich meine, sie ist dann über Weihnachten weg?«

Hannes nickte.

»Und Frederick? Soll der alleine bei seinem Papa bleiben? Der ist doch so schon dauernd überfordert.« Hannes zuckte mit den Schultern.

»Keine Ahnung, Marlene. Außerdem«, er zog sie zu sich her, »hast du mich noch nicht begrüßt.«

Marlene schmiegte sich an ihn. »Du riechst nach Rauch!«, fing sie wieder an. »Ich dachte, wir hätten uns das beide abgewöhnt? Gilt das jetzt nicht mehr, nur weil ich die Schwangerschaft hinter mir habe?«

»Freddy«, überlegte Hannes laut, »keine Ahnung, was mit dem an Weihnachten wird. Ich habe auch schon drüber nachgedacht. Also der und Martin ...«

Er hatte bildhaft vor Augen, wie sein Schwager wohl zu Weihnachten eine Dose Ravioli öffnen und nach dem »Weihnachtsessen« mit dem vierjährigen Frederick vor dem Fernseher sitzen würde. Oder vor dem PC, um irgendein »weihnachtliches« Computerspiel zu spielen. Martin war klasse, wenn es darum ging, EDV-Probleme zu beseitigen. Aber er hatte ein eigenes Verhältnis zum Haushalt und allen »darin enthaltenen Gegenständen, inklusive der Kinder«, wie er es einmal halb scherzhaft ausgedrückt hatte, ohne sich darüber bewusst zu sein, wie er sich damit auch selbst charakterisiert hatte.

»Ist das mit der OP denn schon sicher? Wenn du frei hast oder gar ein paar Tage Urlaub, könnten die beiden ja zu uns kommen, bis Anne wieder auf den Beinen ist. Alleine würde mir das zu viel, glaube ich.«

»Ich hatte letztes Jahr Weihnachten Dienst. Also habe ich dieses Jahr frei.«

»Sicher?«

»Ich denke schon …«

Hannes erinnerte sich noch an den turbulenten Dienst im Vorjahr.

Eine Rauchgasvergiftung nach einem Zimmerbrand. Eine Suizid-Androhung, die keine war und bei der sich alles als Familienstreit herausstellte. Ein Chormitglied mit Kreislaufkollaps in der Stadtkirche. Und dann eine Messerstecherei mit drei Verletzten in einer Kneipe. Bis drei Uhr morgens waren sie durchgefahren. Und dann, als er gerade auf dem Sofa der Rettungswache eingeschlafen war, kam um halb fünf morgens erneut ein Einsatz. Ein Auto war von der Straße abgekommen. Ganz heimtückisch, denn es war nirgendwo glatt, nur in einer Kurve im Wald. Seltsam: der Fahrer, der sich freute wie ein König, dass ihm und seiner Frau nichts passiert war. Ein paar Minuten vorher hatte er noch ein schönes Auto gehabt, von dem praktisch nichts mehr übrig war. Nun hatte er keins mehr und schien trotzdem glücklicher zu sein als jeder andere Mensch an Weihnachten letztes Jahr.

»Dann sag Anne, dass das klargeht. Wenn sie nur endlich ihre Schmerzen los ist und diese Sache ausgestanden.«

Hannes strahlte. »Ja? Wird es dir nicht zu viel?«

»Mit dir zusammen geht das schon, hm?«

»Bin froh, dass du das sagst. Ich kläre es morgen, ja?«

»Wenn du mir versprichst, dass du zu Hause bist an Weihnachten, dann laden wir die beiden zu uns ein«, zwinkerte Marlene Hannes zu. »Die sollen hierherkommen, und gut ist es.«

× × ×

Es regnete in Strömen. Hannes hatte es gerade noch vor dem Regen in die Wache geschafft. Nun stand er neben dem Schreibtisch des Wachleiters vor der Wand mit den Landkarten des Landkreises.

»Hast du heute Spätdienst?«, fragte Pit und klickte mit dem Kugelschreiber, dessen Spitze nach oben zeigte, immer wieder auf die Unterlage.

»Nein.«

»Was? Du hattest letztes Jahr an Heiligabend Dienst?« Pit saß an seinem PC und scrollte die alten Dienstpläne durch.

»Ja, und zwischen den Jahren bis inklusive Silvester«, sagte Hannes.

»Gibts nicht … tatsächlich! Und dieses Jahr, geht da gar nichts?«

»Na hör mal. Ich habe jetzt das Kind, da möchte ich an Weihnachten schon mal zu Hause …«

Pit unterbrach Hannes. »Sag mal«, er zog schnüffelnd die Luft ein, »Hannes, du rauchst doch nicht etwa wieder? Deine Jacke riecht irgendwie …«

»Mann, was ihr alle habt. Gestern ein einziges Zigarillo mit Kathrin am Schichtende. Geht das klar mit Weihnachten?«

Pit zog die Schultern noch. »Muss wohl, ne?«

× × ×

Sarah saß in der Babywippe. »Dadadadadad. Dadadada. Damdamdam.« Hannes musste lachen. »Das wird mal eine Opernsängerin!«

Marlene begann damit, die Kerzenhalter am Christbaum zu befestigen. »Dann wird es morgen entspannter.«

Das Telefon klingelte.

»Geh du, bitte«, sagte Marlene.

»Ja, hallo?«, flötete Hannes in den Hörer.

Schlagartig änderte sich seine Stimme. »Ich – kann – aber – nicht!!!« Hannes betonte jedes Wort. Er ärgerte sich, dass er ans Telefon gegangen war.

»Frag Walter!«

Hannes' linke Hand ballte sich zur Faust.

»Dafür kann ich auch nichts. Ich bin nicht der Arsch für alle, weil ich der Einzige bin, der ans Telefon geht und nicht verreist ist.«

Hannes schnaubte laut.

»NEIN ... Ja ... Dann müsst ihr eben die Außenwache zusperren ... Jedenfalls habe ich die Stunden für den Dezember schon zusammen und ich mache es NICHT!!!«

Hannes schmiss den Hörer auf das Telefon.

Marlene stand da und ließ die Arme hängen. »Du hast morgen Dienst, ja?«

Hannes schüttelte den Kopf. »Ich mach es nicht.«

»Und dann?«, hakte Marlene nach.

»Keine Ahnung.«

»An Weihnachten ist doch besonders viel los!«

»Ja und? Nicht mein Problem. Und nicht deins!« Hannes hatte Tränen in den Augen.

Sarah hatte mit ihrem »Dadadada« aufgehört und sah in Hannes Richtung.

Es war still geworden.

»Mach es, Hannes«, sagte Marlene ruhig.

»Ich hab dir versprochen …« Hannes holte tief Luft. »Und was ist dann mit Freddy? Freddy und Martin? Wir können die beiden doch jetzt nicht wieder ausladen?«

»Wird schon gehen, hm? Wer hat denn dann morgen mit dir Dienst?«

Hannes sah aus dem Fenster, wo draußen feine Schneeflocken wirbelten. »Das weiß ich nicht.«

»Frag mal, mit wem du Dienst hättest. Und, naja – Pit kann auch nichts dafür. Der Rettungsdienst muss auch an Weihnachten fahren.«

»Ich hab mir das so schön vorgestellt. Ich könnte mich ohrfeigen, dass ich überhaupt ans Telefon gegangen bin.«

Hannes hatte den Hörer schon in der Hand.

»Ok, ich machs … Nein, schon gut. Bedank dich bei Marlene … Ach ja … wer ist denn dann noch mit mir auf dem Auto morgen Nacht?«

× × ×

Hannes saß auf der Wache. »Nichts los. Noch blöder, wenn man dann hier sitzt.«

»Egal.« Toni ließ einen Kaffee aus der Maschine.

Der Zeiger der Uhr, die über der Tür hing, sprang auf 18:06.

Hannes tippte in sein Smartphone. »Na, schon Bescherung?«

»Nein :-)« leuchtete auf seinem Display.

»Immer noch nicht?«

»Nein. Und? Habt ihr schon Einsätze gehabt?«

»Nein, wir sitzen nur rum. Immer noch nicht? ;-)«

Marlene schien recht gut gelaunt zu sein dafür, dass sie nun ohne ihn zu Hause herumsaß.

Der Melder an Hannes' Hose begann zu surren.

»Kalter Kaffee macht eh schöner«, meinte Toni, als er seine Tasse abstellte. »Kannst du also nachher haben«, grinste er Hannes beim Hinauslaufen in die Fahrzeughalle an.

»Nein danke. Ich trinke nur mit ohne Zucker.«

× × ×

Eine Dachwohnung in einem Haus, ganz in der Nähe der Wache. Altbau mit knarrendem Treppenhaus. Ein Patient mit Verdacht auf Herzinfarkt.

Eine Tür öffnete sich, als Hannes, Toni und der Notarzt samt Fahrer das Treppenhaus hinaufliefen. »Oh mein Gott!« Ein Herr, vielleicht Mitte sechzig, schaute verschreckt heraus. »Ist was passiert?«

Toni war schon weiter, als er witzelte: »Nein, das ist nur unser weihnachtliches Fitnessprogramm.«

»Ist was mit Marie?« Der Herr schaute verdutzt.

»Naja, wir werden sehen, aber wir dürfen nichts sagen. Schweigepflicht«, erklärte der Notarzt.

»Jaja, ich weiß, wie immer. Ich sehe es ja dann.« Die Tür schloss sich langsam wieder. Noch bevor sie zu war, rief Hannes dem Mann »Frohe Weihnachten trotzdem!« zu.

Der Notarzt begrüßte die Patientin: »Guten Abend, Frau Bieringer. Waren wir nicht schon mal hier bei Ihnen?«

»Ja. Schon …«

»Mindestens zehnmal in diesem Jahr und immer abends …«, maulte Toni.

»Es kam nie was dabei raus«, ergänzte Hannes.

»Und was fehlt Ihnen jetzt?«

Die Dame sah Hannes groß an. »Mein Herz klopft immer so.«

Der Notarzt grinste.

»Na, schlimm wäre es, es würde nicht mehr klopfen. Machen wir trotzdem mal ein EKG und schauen uns alles genau an.«

Hannes schnaufte noch vom Treppensteigen. »Dann setzen Sie sich mal, Frau Bieringer.« Er klebte die Elektroden an.

»Nicht atmen!« Wer Toni kannte, merkte, dass er gereizt war. Er drückte einen Knopf am EKG-Gerät und gab dem Arzt den ausgedruckten Streifen in die Hand.

»Oh!«, meinte der Arzt.

»Ist was falsch dran?«, fragte die ältere Dame.

»Naja«, der Arzt versuchte, ernst zu schauen, »wenn ihr EKG mit 86 Jahren besser als meins aussieht, bin ich nicht gerade begeistert.«

Hannes musste schmunzeln.

»Frau Bieringer, wir hoffen, dass Ihr Herz noch sehr lange klopft, aber wir können nicht jedes Mal deswegen hierherkommen.«

Die ältere Dame sah auf den Boden. »Aber es ist Weihnachten. Und ich habe Angst«, sagte sie in weinerlichem Ton.

»Wovor?«, hakte der Arzt nach.

»Ich bin alleine. Und wenn doch etwas mit dem Herzen ist, so wie damals bei meinem Mann.«

Der Notarzt setzte sich auf einen Stuhl und beugte sich zu der alten Dame. »Und der nette Herr, der unten wohnt, vielleicht wollen Sie ja mit dem ab und zu mal einen Kaffee oder Tee trinken.«

»Naja. Der ist nur immer neugierig, aber wenn es darauf ankommt, ist er ganz komisch.«

»Neugierig ist er, das stimmt«, entfuhr es Hannes.

»Der ist mir auch zu jung«, ergänzte Frau Bieringer. Dann sah sie in die Runde. »Darf ich Ihnen einen Tee anbieten?«

Toni schüttelte instinktiv den Kopf.

»Naja, wieso eigentlich nicht?«, meinte Hannes. »Der Notarzt kann ja wieder einrücken, und ob wir jetzt hier sitzen oder etwas weiter auf der Wache? Wir können ja jederzeit los, wenn der Melder geht.«

Toni sah Hannes groß an. »Na, meinetwegen.«

×××

Der Notarzt war längst weg. Frau Bieringer hatte beim Tee viel über ihren Mann erzählt, der schon vor vielen Jahren gestorben war. Hannes sah auf die Uhr: 19:23.

»So, jetzt fahren wir dann aber«, meinte er. Inzwischen war es Toni, der sich mit Frau Bieringer unterhielt und kein Ende fand.

»Immer noch keine Bescherung???«, hatte Hannes Marlene geschrieben.

»Bald. Seid ihr immer noch unterwegs?«, hatte sie geantwortet.

»Ja. Wir machen hier weihnachtlichen Seelendienst bei einer älteren Dame, die einsam ist, aber jetzt fahren wir gleich wieder zur Wache«, antwortete Hannes.

» :-) «, kam zurück.

Marlenes Fröhlichkeit wunderte Hannes zunehmend.

Er war traurig. Er vermisste Marlene, er wäre gerne bei ihr und Sarah gewesen, hätte gerne gesehen, wie Frederick seine Geschenke auspackte, er hätte gerne zugehört, wie Marlene auf der Altblockflöte Weihnachtslieder spielte und hätte gerne zusammen mit allen ein richtiges Weihnachtsessen gehabt, statt sich nur eine Pizza aufzuwärmen. Gerade dieses erste Weihnachten mit Sarah zu verpassen, tat ihm irgendwie weh.

»Vermisse euch«, tippte er in sein Handy, als Toni den Wagen startete, um Richtung Wache zu fahren.

»Tausend Küsse für dich und tausend für Sarah.«

»Wir vermissen dich auch, Hannes!«, kam zurück. Und dann: »Noch immer unterwegs?«

»Ja. Aber gleich wenigstens auf der Wache«.

Überall in den Fenstern weihnachtliche Beleuchtung. Es schneite ein wenig. Nur ab und zu begegneten sie einem Auto.

Hannes war genervt. *Wäre ich bloß nicht ans Telefon gegangen,* dachte er, während Toni rückwärts in die Halle fuhr.

»Echt ruhig heute.« Toni ging mit ihm zusammen den Gang entlang zum Wachraum. »Bin froh, dass ich mit dir Dienst habe, Hannes, das macht es noch etwas angenehmer, wenn es schon sein muss.«

»Du hast wenigstens keine Kinder. Ich verpasse das erste Weihnachtsfest mit Sarah. Und dann haben wir auch noch Gäste – und Marlene hat den ganzen Stress.«

Hannes öffnete die Tür. Dann blieb er abrupt stehen.

»Nee.« Toni stand neben ihm. »Das … gibt es ja gar nicht.«

Er sah Hannes an, der in den Wachraum starrte.

Ein kleiner, dekorierter Weihnachtsbaum mit Lichtern stand vor ihm. Darunter lagen Geschenke. Marlene war da mit Sarah und auch Martin, Frederick und Tonis Freundin Annika waren da.

»*Jetzt* ist Bescherung, Hannes!«

»Mann, wie seid ihr denn hier reingekommen?« Hannes schüttelte ungläubig den Kopf.

»Pit gab mir einen Schlüssel und die Telefonnummer von Annika. Die Idee mit dem Baum hatte Martin. Und ich dachte, vielleicht haben wir ja Glück und ihr habt nicht so viele Einsätze.«

× × ×

Es war fast zehn Uhr, als Marlene aufstand und begann, ihre Sachen zusammenzupacken und Sarah warm anzuziehen.

»Den Baum lassen wir hier, da haben alle was davon, die in den nächsten Tagen Dienst haben.«

»Und wenn wir am Ende doch die ganze Zeit unterwegs gewesen wären?«, fragte Hannes.

Marlene lachte: »Wart ihr aber nicht.«

Hannes stand am Tor und winkte Frederik und Martin nach, die nach Hause fuhren, dann verabschiedete er sich von Marlene und Sarah.

»Ich bleibe noch etwas«, meinte Annika, als just in dem Moment der Melder an Hannes' Gürtel summte. »Oder doch nicht«, lachte sie dann.

»Ein Feuermelder«, las Toni vom grün leuchtenden Display ab. »Zu neunundneunzig Prozent wieder ein Fehlalarm durch einen Kurzschluss.«

»Ja, hoffentlich.« Hannes notierte etwas auf einem Zettel, während Toni den Motor startete.

»So geht Weihnachten ...«, murmelte Toni, als sich das Tor der Halle öffnete und sie an Annika vorbei hinaus in die Nacht fuhren.

Das siebte Lächeln

Wir waren bei Teil drei: »Vom Zauber eines Lächelns«.

An diesem Mittwoch vor dem vierten Advent hatte die tiefstehende, nachmittägliche Wintersonne in den Seminarraum geschienen. »Wage es, zu leben – zwölf Schlüssel zum Glück«, lautete der Titel des Kurses mit zwölf Einzelveranstaltungen, die im Dezember begonnen hatten.

Ich war skeptisch gewesen. Grünert, unser Chef, hatte das Seminar empfohlen. »Herr Klein, machen Sie das unbedingt mit, Sie werden sehen, Sie bekommen einen anderen Blick auf die Dinge.«

Die Abende mit den Themen »Von der Macht, gut zu denken« und »Von der Kraft, sich selbst zu verändern« hatte ich schon hinter mir. Immer hatte es Hausaufgaben gegeben. »Notieren Sie zehn tägliche Gewohnheiten, die zu Ihnen gehören wie der Schlüssel zu Ihrer Haustür. Und dann machen Sie mindestens sieben davon anders. Notieren Sie die Ergebnisse in Ihr persönliches Tagebuch. Sie werden entdecken, wie aufregend und unterhaltsam das Leben doch sein kann«, hatte Robert, der Seminarleiter, versprochen. Ja, das stimmte. Aus »morgens eilig zum Zug rennen« war ein gemütlicher Spaziergang geworden. Statt dem mittäglichen Mikrowellen-Essen machte ich mir nun einen Smoothie. Statt dem abendlichen Fernsehgeplänkel las ich nun vor dem Zubettgehen jeweils eine halbe Stunde in einem Buch und manches mehr. Fast jede der Veränderungen trug zu meinem Wohlbefinden bei und ich würde sie beibehalten.

Das Thema dieses Abends war also: »Vom Zauber eines Lächelns«. Darüber, was ein Lächeln ist, was ein Lächeln im Gegenüber bewirkt, und dass es angeblich selbst dann wirkt, wenn man gezwungen lächelt oder sich dabei im Spiegel selbst betrachtet, hatten wir gehört.

»Haben Sie keine Hemmungen. Probieren Sie es aus. ›Auf einen Krieger, der lächelt, schießt man nicht‹, sagte man früher bei den Chinesen. Und jetzt kommt Ihre Hausaufgabe: Beobachten Sie, was Ihr Lächeln bei den Menschen in Ihrer Umgebung und bei Ihnen selbst bewirkt. Schenken Sie täglich sieben anderen Menschen ein Lächeln. Notieren Sie dann stichwortartig die Wirkung auf die anderen und Sie selbst. Achten Sie darauf, dass es Menschen sind, die Sie sonst eher nicht anlächeln würden.«

»Wir notieren auch das wieder nur für uns?«, fragte Iris.

»Natürlich!«, strahlte Robert sie an. »Ihr Buch wird Ihr persönlicher Reisebericht ins Leben. Ich würde sagen, jetzt machen wir eine kleine Pause, und dann können wir uns ja noch über das, was Sie bisher mit den kleinen Veränderungen in Ihrem Alltag erlebt hatten, austauschen.«

Manchmal zieht ein Lächeln ein Gespräch nach sich. Der Mensch gegenüber fühlt sich aufgefordert, etwas zu sagen, oder man selbst hat das Gefühl, sein Lächeln erklären zu müssen«, schrieb ich in mein Tagebuch.

Schröder, der Hausmeister in der Firma, hatte mich mit großen Augen angeschaut, als ich sein grimmiges Gesicht anlächelte. Ich hörte mich plötzlich sagen: »Sie machen das irgendwie gut, Herr Schröder, auch wenn die Leute oft undankbar sind, aber was wären wir ohne Sie? Hier im Haus ist einfach immer alles tipptopp.«

»Ach«, hatte der alte Grantler nur gesagt, aber als ich später am Empfang ein Paket mit Unterlagen abholte, war er es, der mich anlächelte und mir die Tür aufhielt.

»Wat grinsen Se denn so?« Am Abend war ich gerade dazugekommen, als mir eine der örtlichen Parkraumüberwacherinnen einen Strafzettel unter den Scheibenwischer klemmte. »Na, Sie machen auch nur Ihren Dienst«, sagte ich lächelnd. »Und

Sie können ja nichts dafür, wenn Leute wie ich zu wenig Geld in die Parkuhr einwerfen.« Sie sah mich groß an. »Na sowas. Dat hat mir nu noch keiner so gesacht. Na denn – frohe Weihnachten.«

Dann nahm sie den Zettel zurück und meinte: »Na, wegen 14 Minuten ... man kann sich ja mal verschätzen.«

Es war mir fast unangenehm, ich wünschte ebenfalls frohe Weihnachten und fuhr davon.

»Ham se mal ein oder zwei Euro für ein Frühstück für mich?« Ein Mann war unvermittelt vor mir aufgetaucht, als ich am nächsten Morgen die Treppen der U-Bahn hochlief. »Ich hab kein Kleingeld bei mir«, sagte ich wahrheitsgemäß. »Ich weiß es, weil ich erst Geld beim Automaten geholt habe, und davor war mein Geldbeutel leer«, fügte ich lächelnd hinzu. »Hm, also Scheine wären wohl 'n büschn viel, aber ich wünsch Ihnen noch einen schönen Tag, mein Herr«, erklärte der Mann und lächelte breit zurück.

Weihnachten rückte näher. Es war schon der 23. Dezember, ein Samstag. Es war kalt geworden und ich würde meine letzten Einkäufe erledigen, bevor ich Karin vom Zug abholte.

Ich fuhr zur Central-Galerie. Schon bei der Einfahrt in das Parkhaus stand ich in einer Autoschlange. *Als ob das etwas bringt,* dachte ich so für mich, als jemand in der Schlange zu hupen anfing.

Ich war schon drei Mal den ganzen Parkbereich abgefahren, als vor mir die Lichter eines Kleinwagens aufblinkten. Ich stoppte mein Auto und sah, wie ein älterer Herr in den Kleinwagen einstieg. Ich setzte den Blinker, sah, dass er langsam in meine Richtung rangierte, und rollte vorsichtshalber noch einen guten Meter zurück. Da kam ein Sportwagen angeschossen, um mir die Parklücke wegzuschnappen. Ich erkannte hinter den Spiegelungen der Deckenlichter einen südländisch aussehenden Mann hinter dem Lenkrad. Der Kleinwagen war weggefahren, aber so, wie der Sportwagen stand, würde ich nicht in die Parklücke fahren können.

Kurz war ich versucht, nach vorne zu rollen und ihn so zu blockieren, dass auch er den Parkplatz nicht nutzen könnte. Aber dann wurde mir bewusst: Das war nur eine Herausforderung. Ich lächelte. Der Fahrer des Sportwagens schaute verdutzt, dann wies er mit der Hand auf die Parklücke, als wolle er fragen, was eigentlich schon lange klar war: ob ich auf die Parklücke gewartet hatte.

Ich nickte, weiterhin lächelnd. Ohne eine Gesichtsregung setzte er zurück und fuhr weiter.

Ob ein Lächeln Geld kosten kann?

Als ich später in der Central-Galerie auf die Toilette ging, sah ich die Putzfrau sitzen. Vor ihr das kleine Tischchen, auf dem ein kleiner Teller mit einigen Münzen stand. Ich beobachtete, dass die Menschen vermieden, die Frau anzusehen. Ich hatte mein 20-Cent-Stück in der Hand und lächelte die Frau an. Ich suchte noch einmal in meinem Geldbeutel und legte ihr einen Euro in die Schale.

»Gott segne dich«, murmelte sie, als ich an ihr vorbeiging.

Es macht Freude, zu lächeln, vermittelt das Gefühl, mit der Welt im Einklang zu stehen, fühlte ich. Das würde ich am Abend ins Tagebüchlein schreiben.

Ich hatte Karin schon bei mir. »Ich hab alles, sogar der Baum steht schon. Nur wollte ich noch ein Dinkelbrot für dich holen. Aber zu Fuß, von zu Hause aus. Das ist heute schlimm mit Parken.«

Auf der Fahrt erzählte ich Karin von meinem Seminar und meinen Erfahrungen mit dem Lächeln. »Ein Lächeln fehlt mir noch…«

»Ich komm mit«, entschied Karin, als wir das Auto abgestellt hatten.

Es war überraschend leer in der Bäckerei, nicht nur im Laden, sondern auch im Regal.

Wir kamen gleich dran. »Ob Sie wohl noch ein Dinkelbrot haben?«, lächelte ich.

»Wir sind ziemlich ausverkauft, tut mir leid«, meinte die Verkäuferin. »Wir haben nur noch ein Landbrot aus Bio-Weizen, und dann das Bio-Plus mit Sonnenblumenkernen. Und sonst noch normales Schwarzbrot und eben …«, sie zeigte auf die Auslage, »…das Baguette.«

»Aber nichts mit Dinkel?« Ich sah, dass Karin enttäuscht schaute. Ich blieb bei meinem Lächeln.

Aus der Backstube kam ein Bäcker, der sich gerade seine weiße Schürze auszog. »Ich habe mir eins eingepackt, das können Sie haben, ich kann auch etwas anderes nehmen.«

Ich könnte auch das in meinem Buch notieren, überlegte ich, aber eigentlich gehörte es nicht dazu. Denn hier in der Bäckerei lächelte ich ja öfters.

Aber gerade da öffnete sich die Tür, und mir wurde klar, welches das siebte Lächeln sein sollte. Ich erinnere mich, wie es mir spontan durch den Kopf fuhr: *Aha, da ist ja wieder die Alkoholikerin, die hier irgendwo wohnt.* Eine unordentlich gekleidete Frau mit einem Rollator und gerötetem Gesicht, in dem man feine rote Äderchen sah, mit einem glasigen Blick, dem ich fast immer ausgewichen war.

Aber heute, an diesem Samstag, einen Tag vor Weihnachten, beschloss ich, sie anzulächeln.

Langsam schob sie sich vor zur Theke. »Guten Tag«, sagte ich, und lächelte sie so unbekümmert, wie es mir gelingen konnte, an. Ich bemerkte, dass auch Karin in ihre Richtung lächelte.

Für einen Moment hatte ich das Gefühl, einen großen Fehler begangen zu haben: Ich hatte mit allem gerechnet, nur nicht damit, dass die Frau weinen würde. Leise sagte sie: »Es ist lange her, dass mich jemand angelächelt hat.«

Und so kam es, dass Karin und ich am ersten Weihnachtsfeiertag Besuch am Nachmittag hatten von einer Frau, die eine schwere, aber sehr bemerkenswerte Lebensgeschichte hatte. Und die uns bis in die Abendstunden viele Dinge erzählte, die uns halfen, etwas zu verstehen, das sich uns ohne das siebte Lächeln nie erschlossen hätte: Dass man über einen Menschen nie urteilen sollte, wenn man seine Geschichte nicht kennt, und dass man selbst dann, wenn man glaubt, alles über jemanden zu wissen, oft am besten einfach schweigt.

Sollte diese Publikation Links auf Webseiten Dritter enthalten, so übernehmen wir für deren Inhalte keine Haftung, da wir uns diese nicht zu eigen machen, sondern lediglich auf deren Stand zum Zeitpunkt der Erstveröffentlichung verweisen.

FSC MIX
Papier aus verantwortungsvollen Quellen
FSC® C083411
www.fsc.org

Verlagsgruppe Random House FSC® N001967

Neumarkter Str. 28, 81673 München
Umschlag und Umschlagmotiv:
Atelier Lehmacher, Carina Schmitt
Satz: Atelier Lehmacher
Druck und Bindung: CPI books GmbH, Leck
Printed in Germany
ISBN 978-3-466-37229-4
www.koesel.de